AF328419

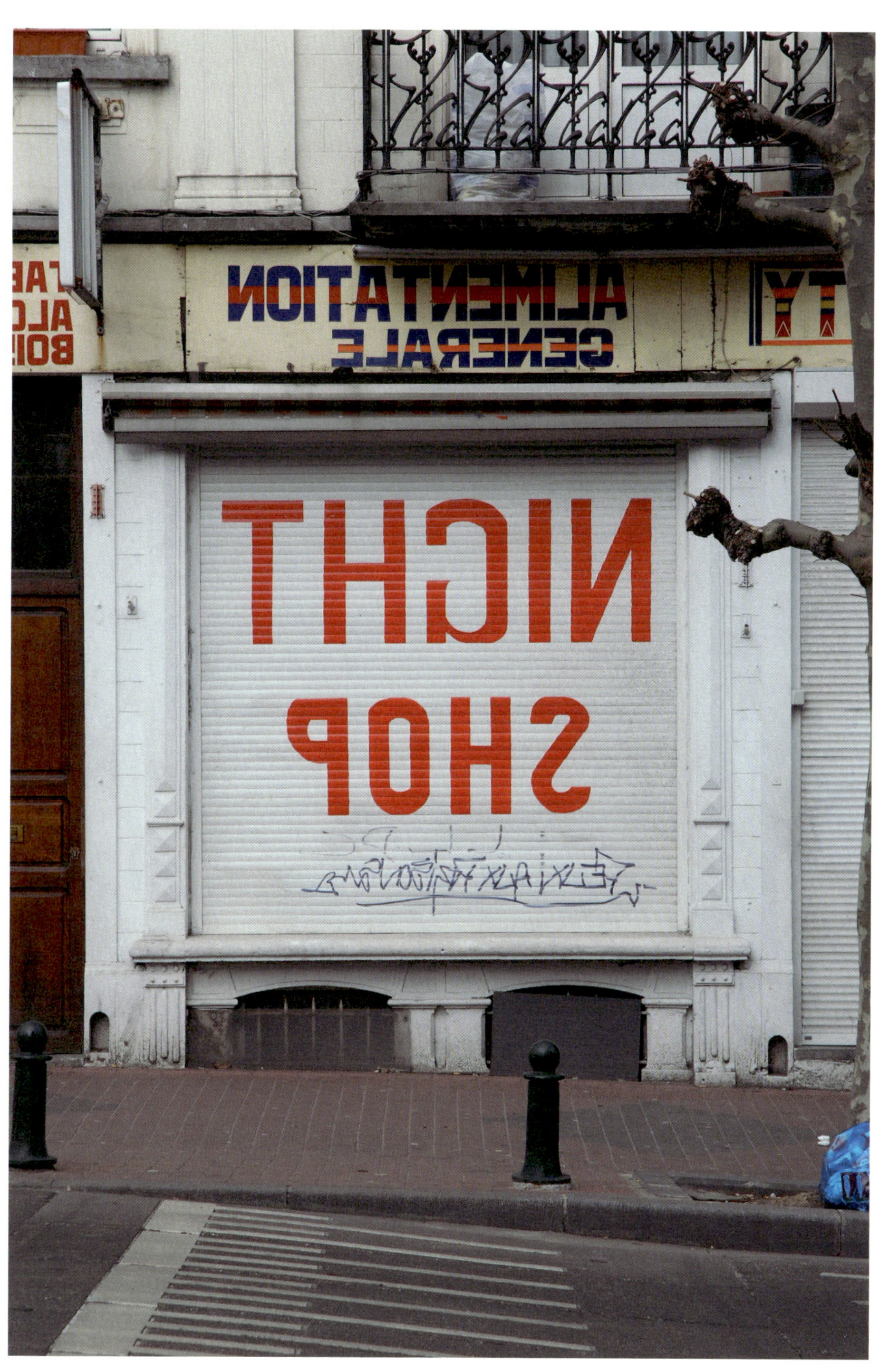

ALIMENTATION
GENERALE
NIGHT
SHOP

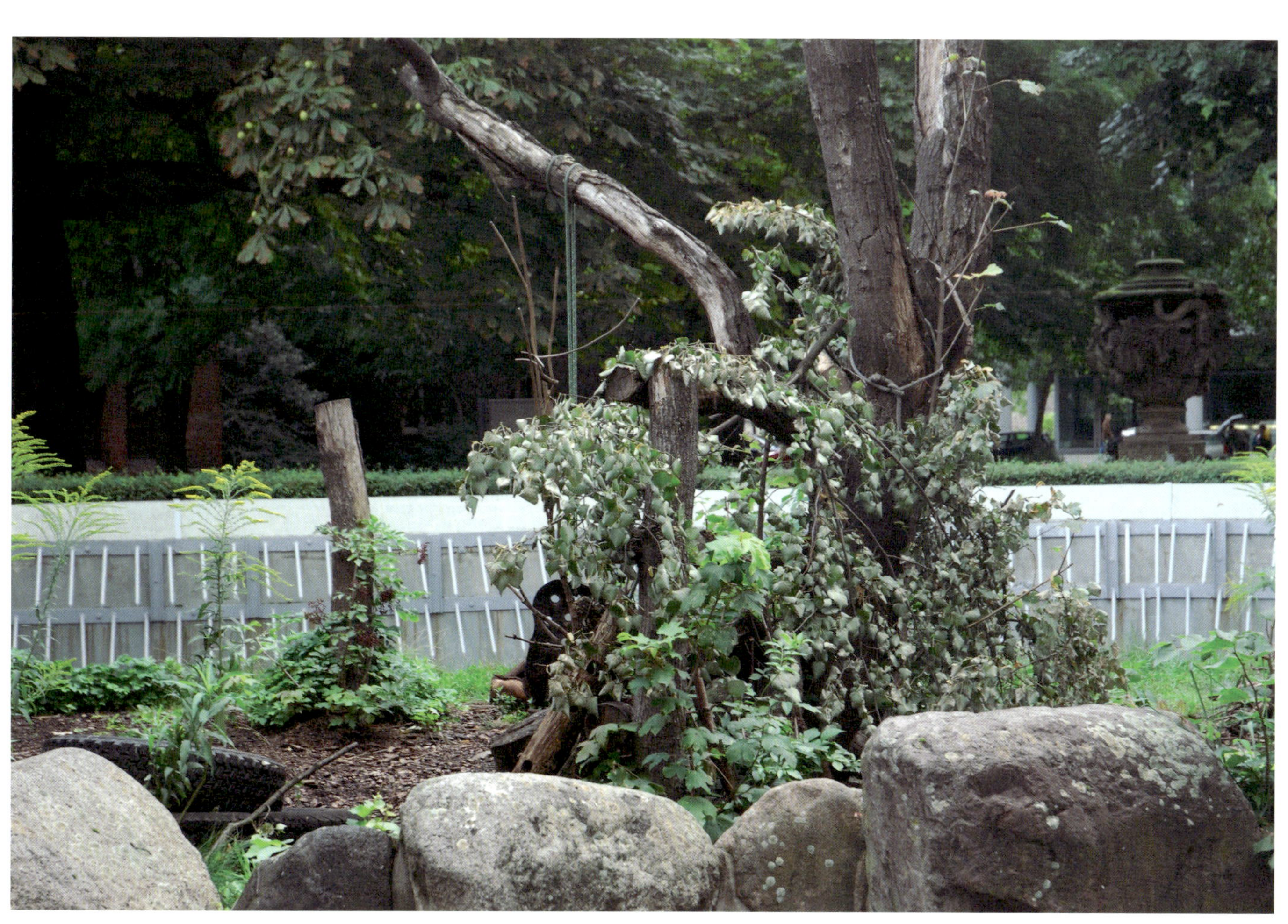

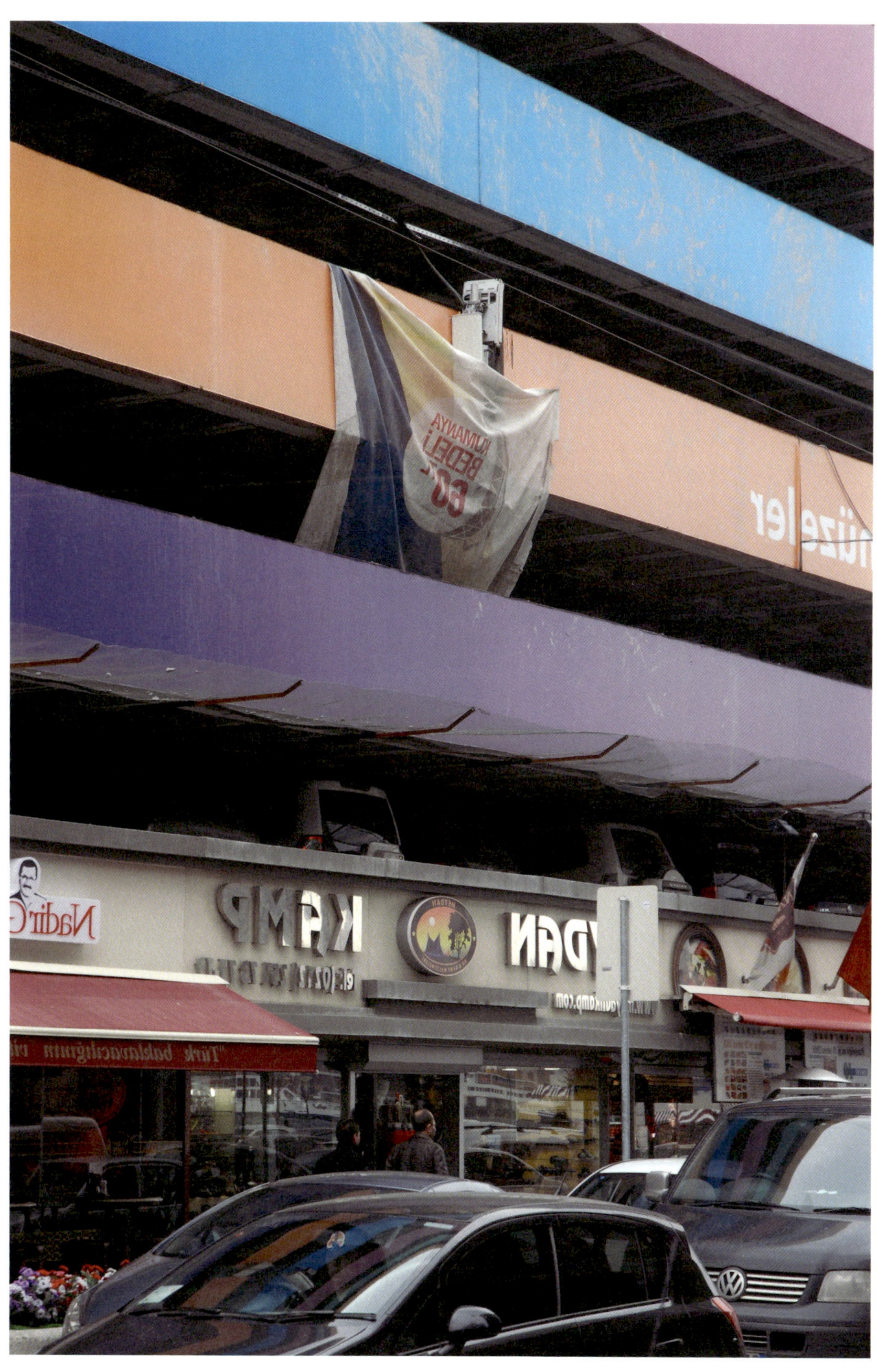

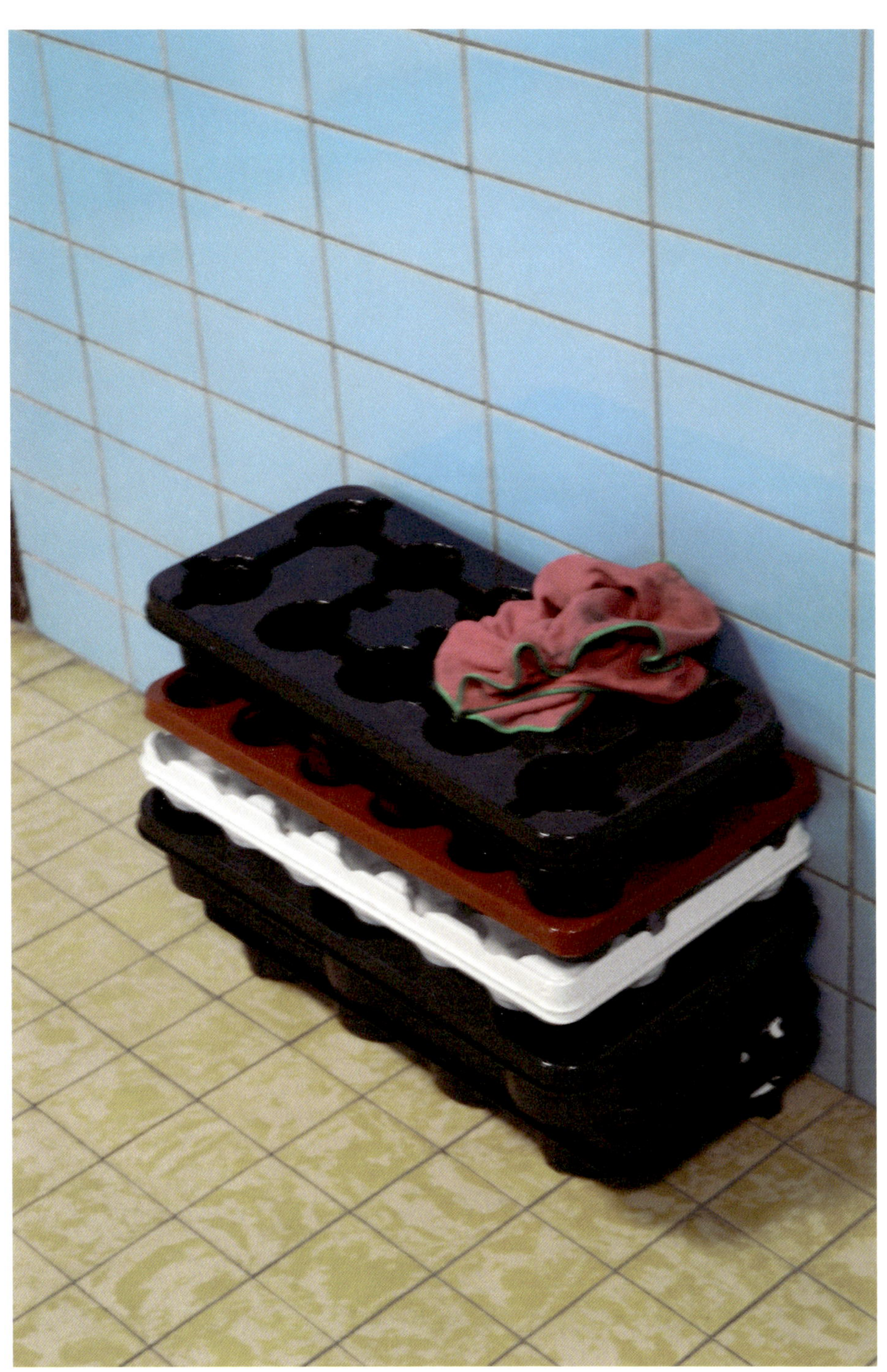

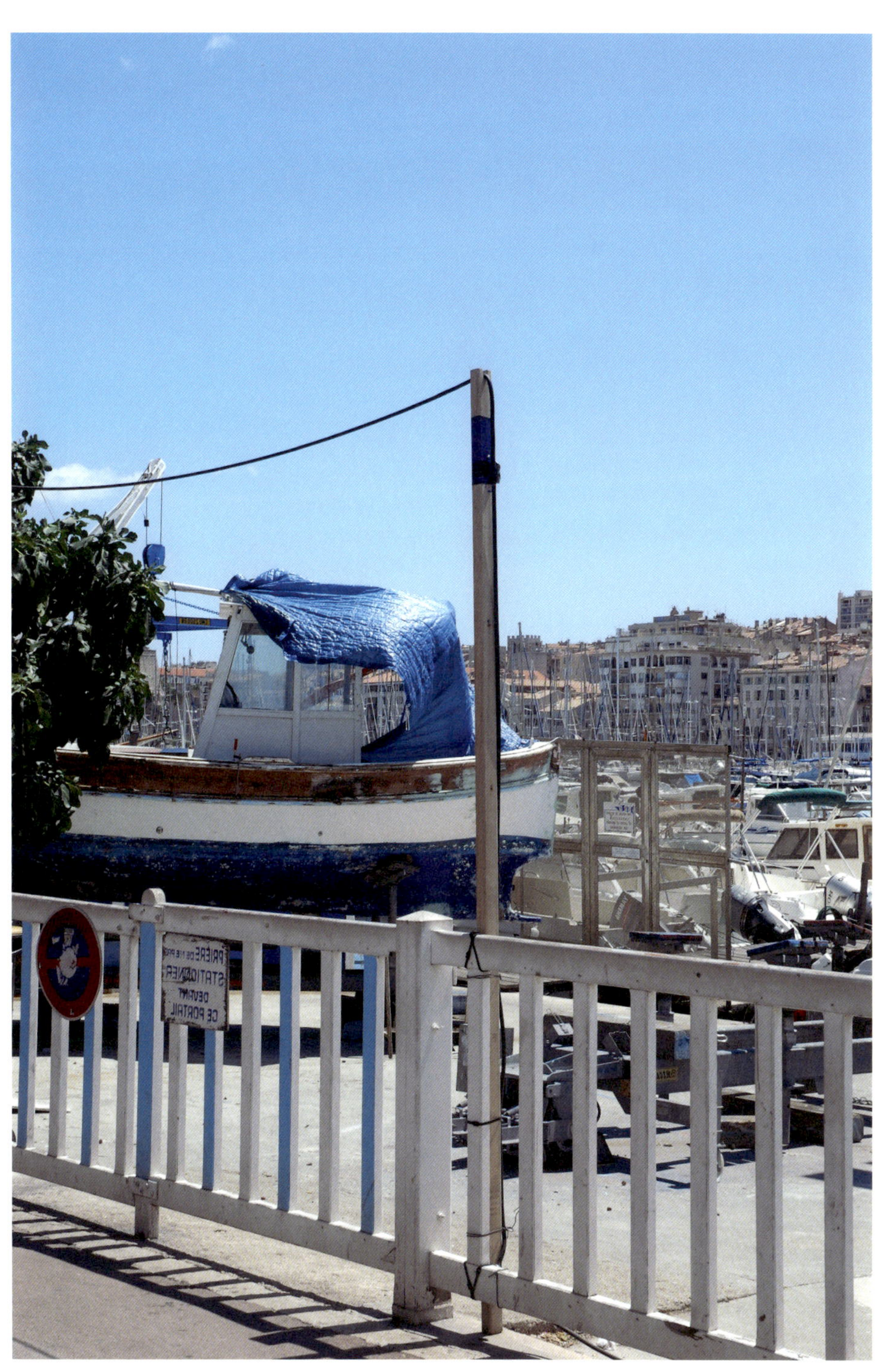

PRIÈRE DE NE PAS
STATIONNER
DEVANT
CE PORTAIL

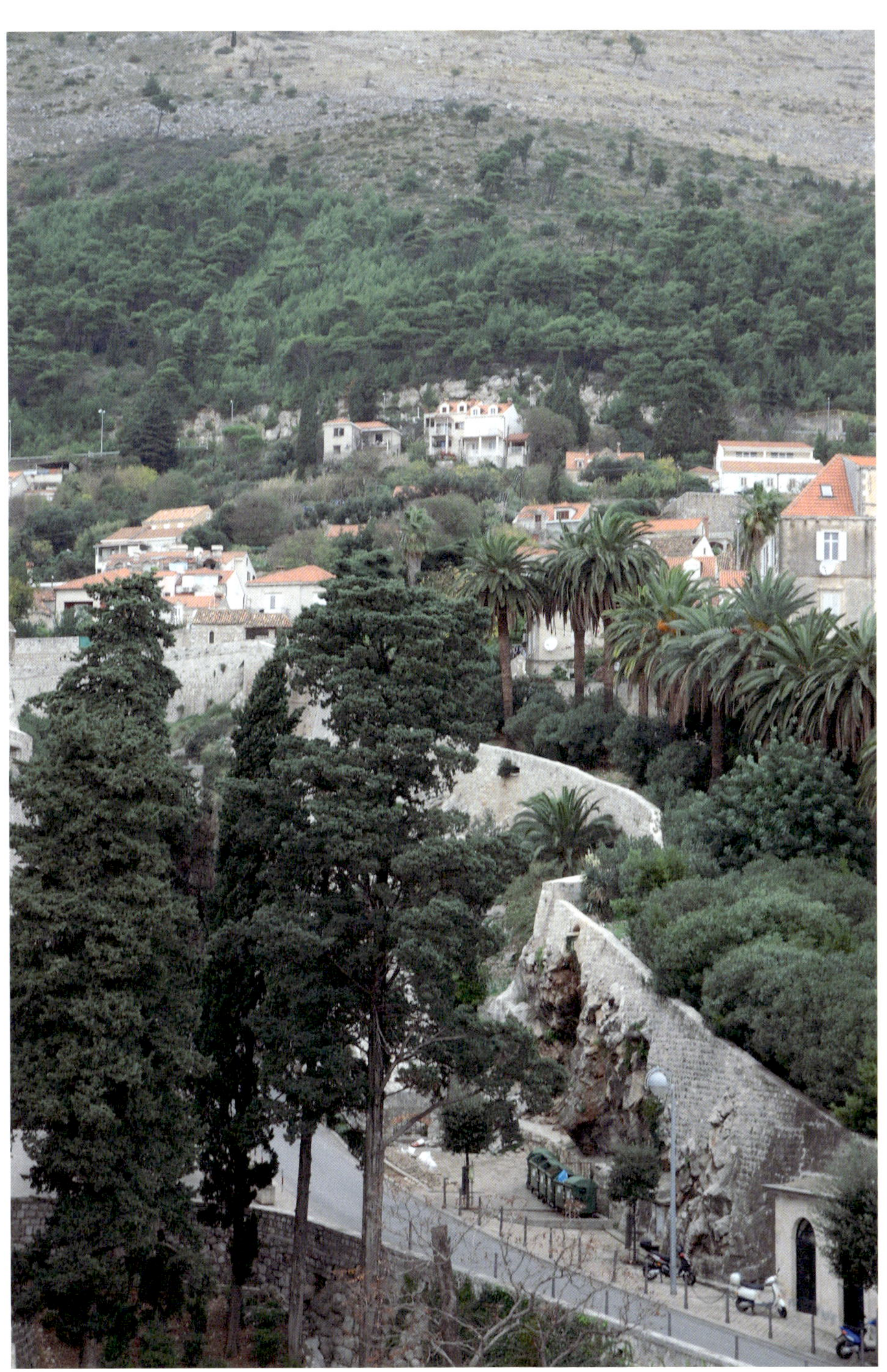

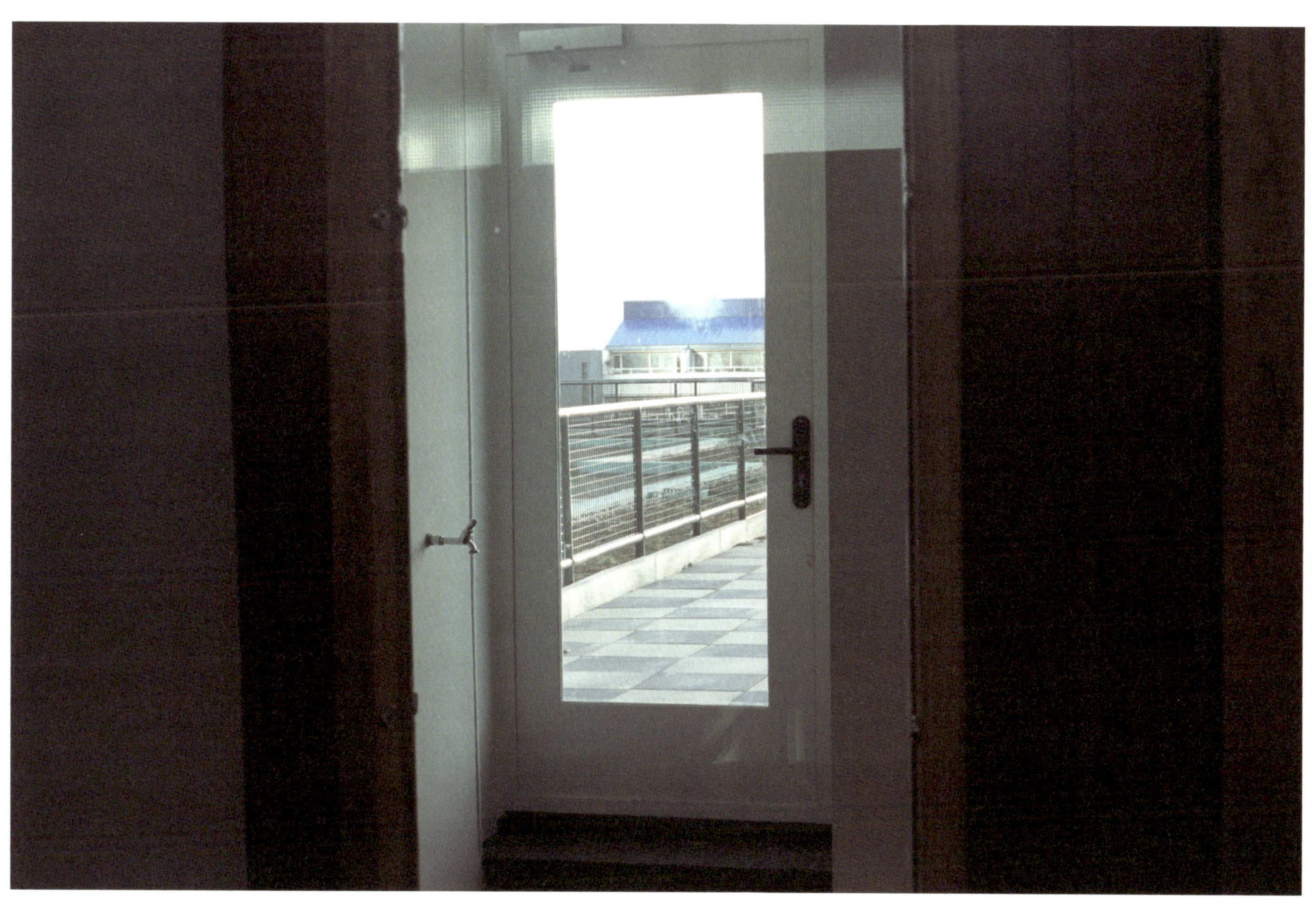

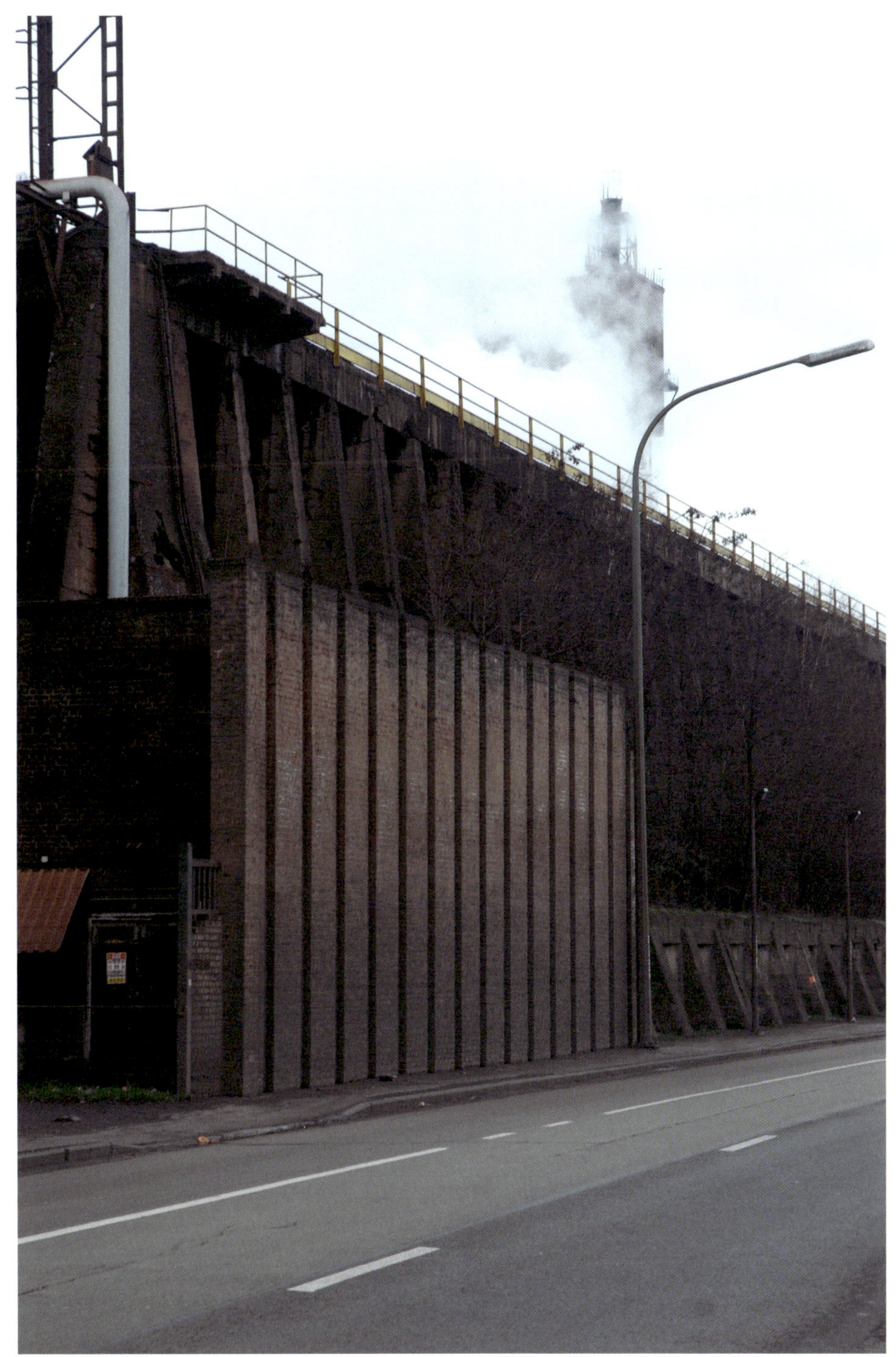

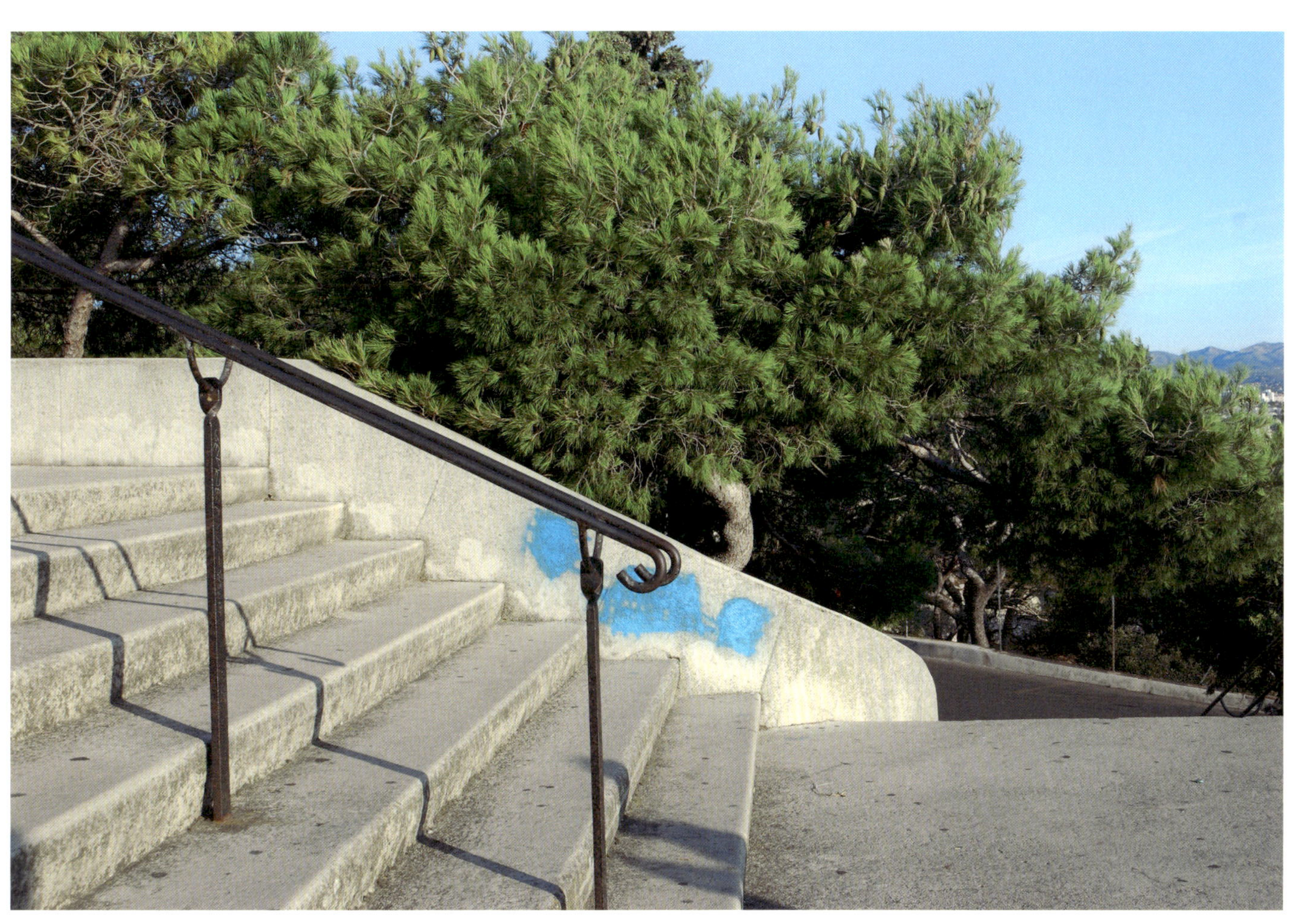

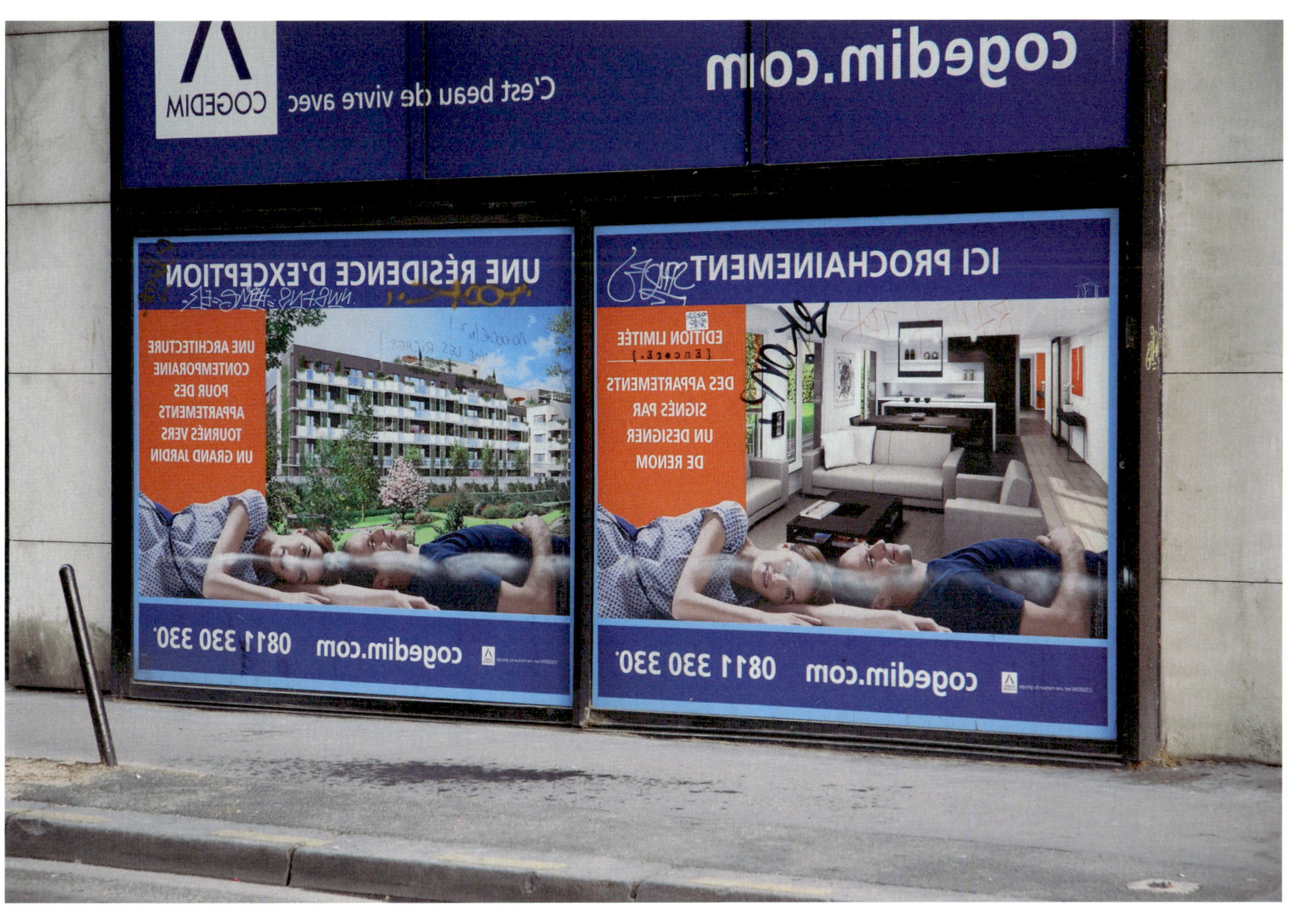
COGEDIM
C'est beau de vivre avec
cogedim.com
UNE RÉSIDENCE D'EXCEPTION
UNE ARCHITECTURE
CONTEMPORAINE
POUR DES
APPARTEMENTS
TOURNÉS VERS
UN GRAND JARDIN
cogedim.com 0811 330 330.
ICI PROCHAINEMENT
EDITION LIMITÉE
DES APPARTEMENTS
SIGNÉS PAR
UN DESIGNER
DE RENOM
cogedim.com 0811 330 330.

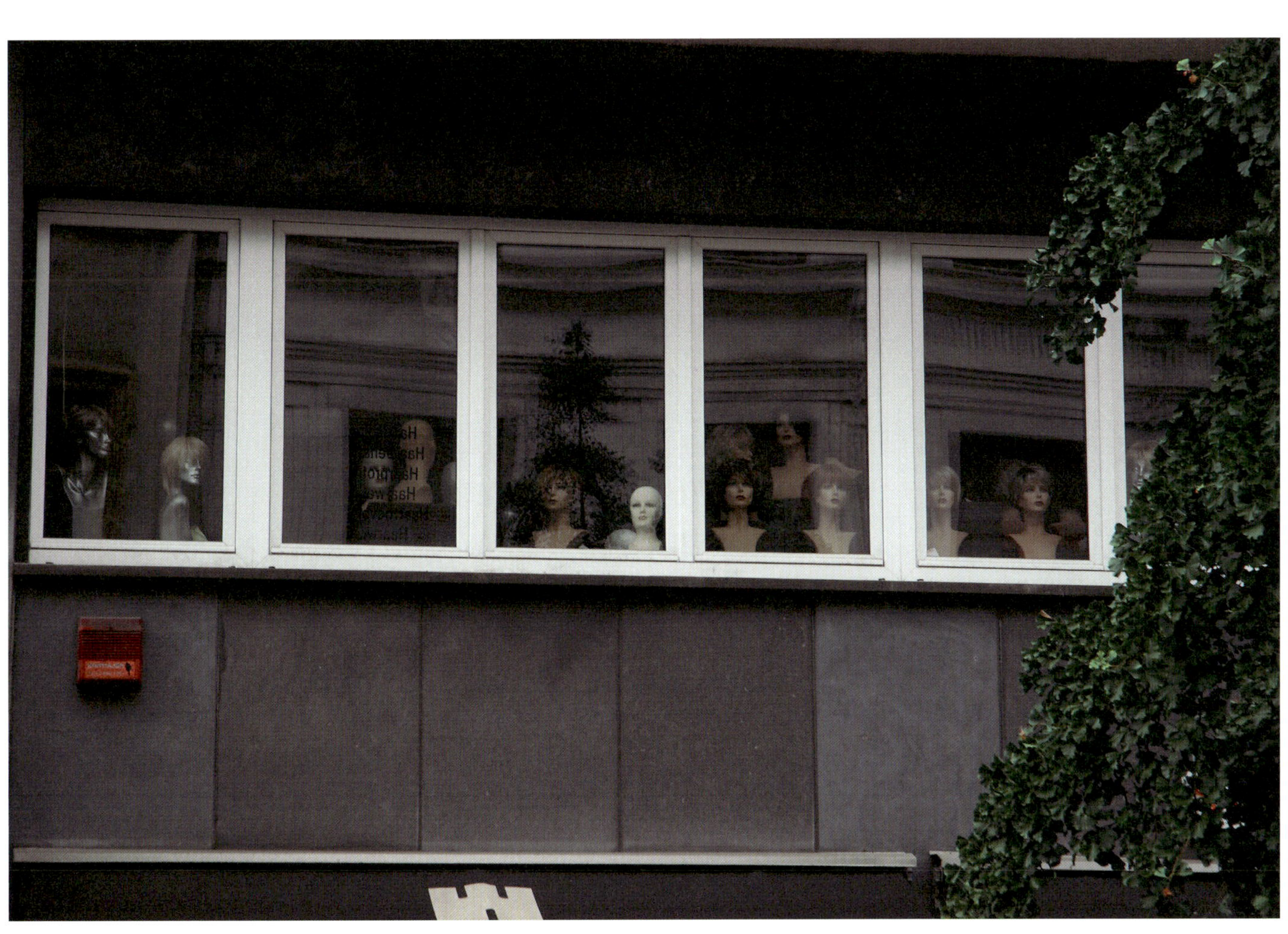

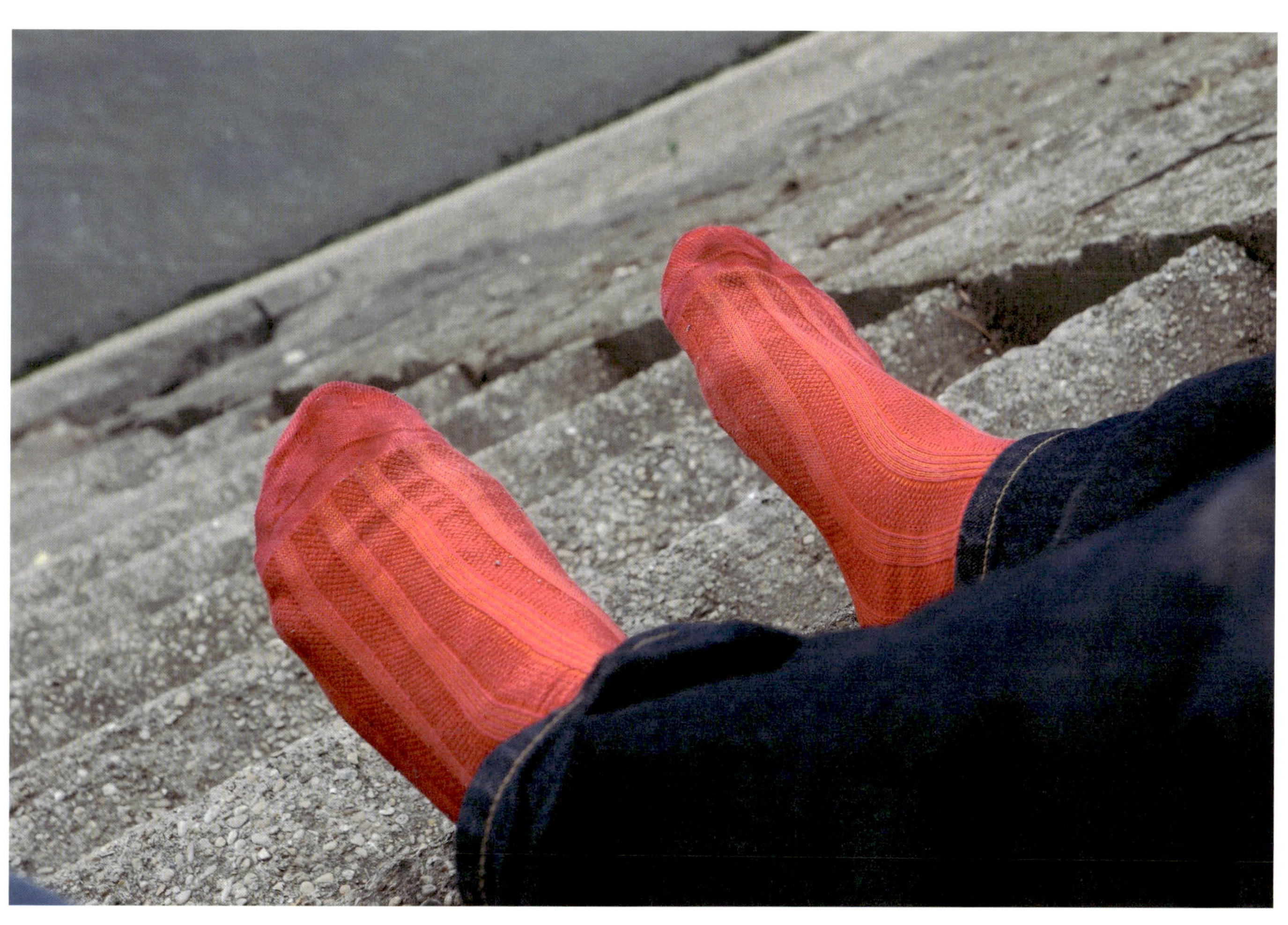

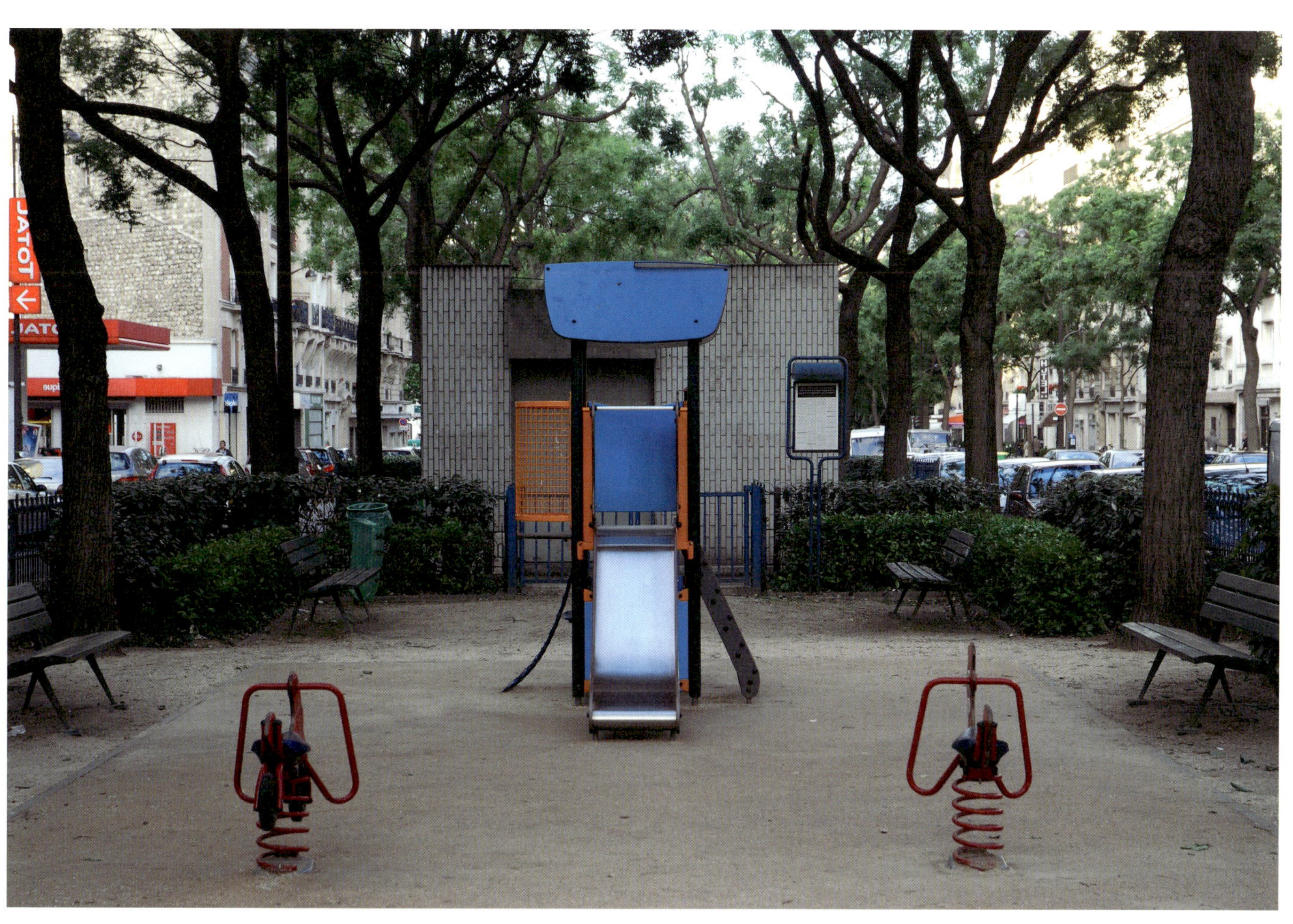

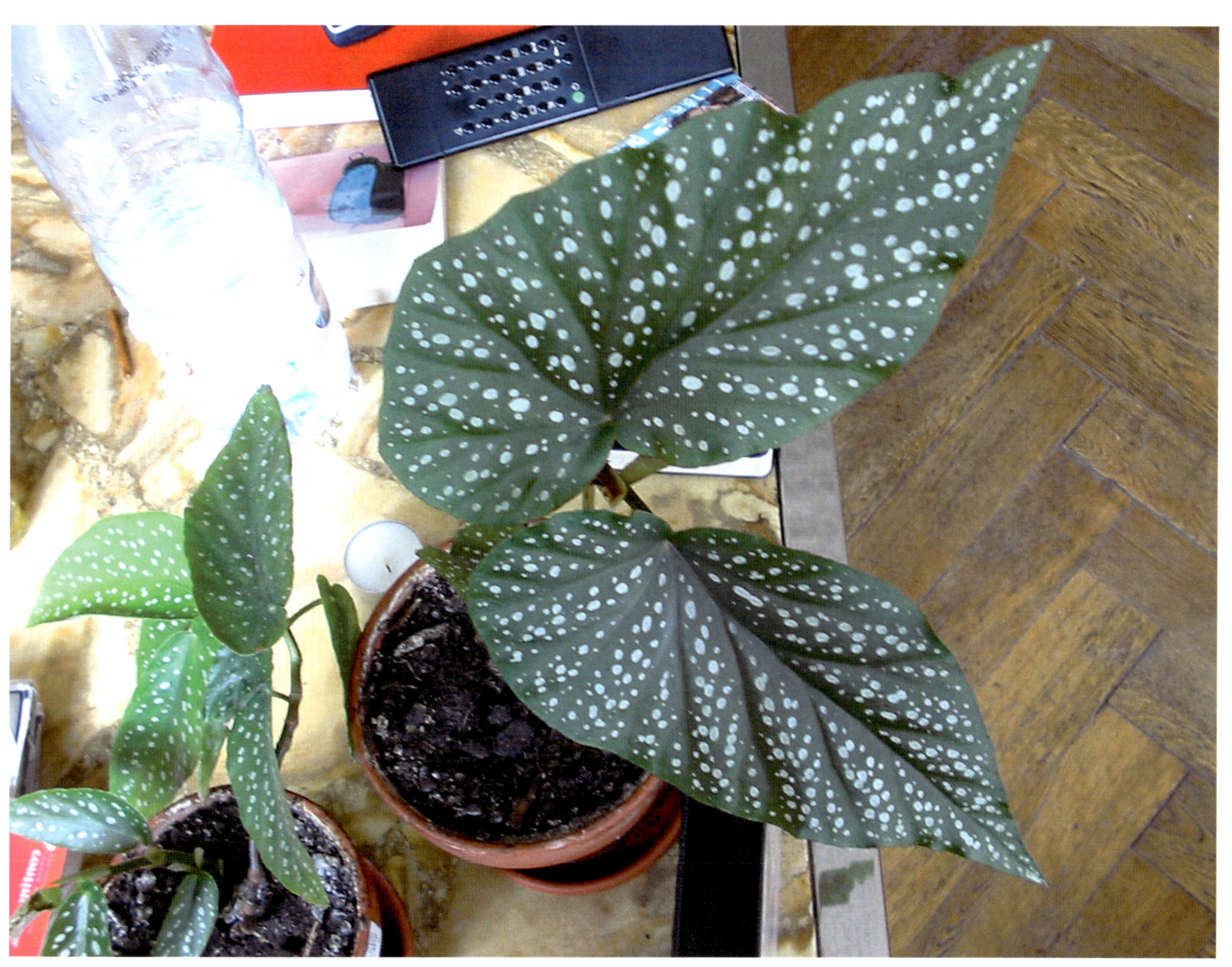

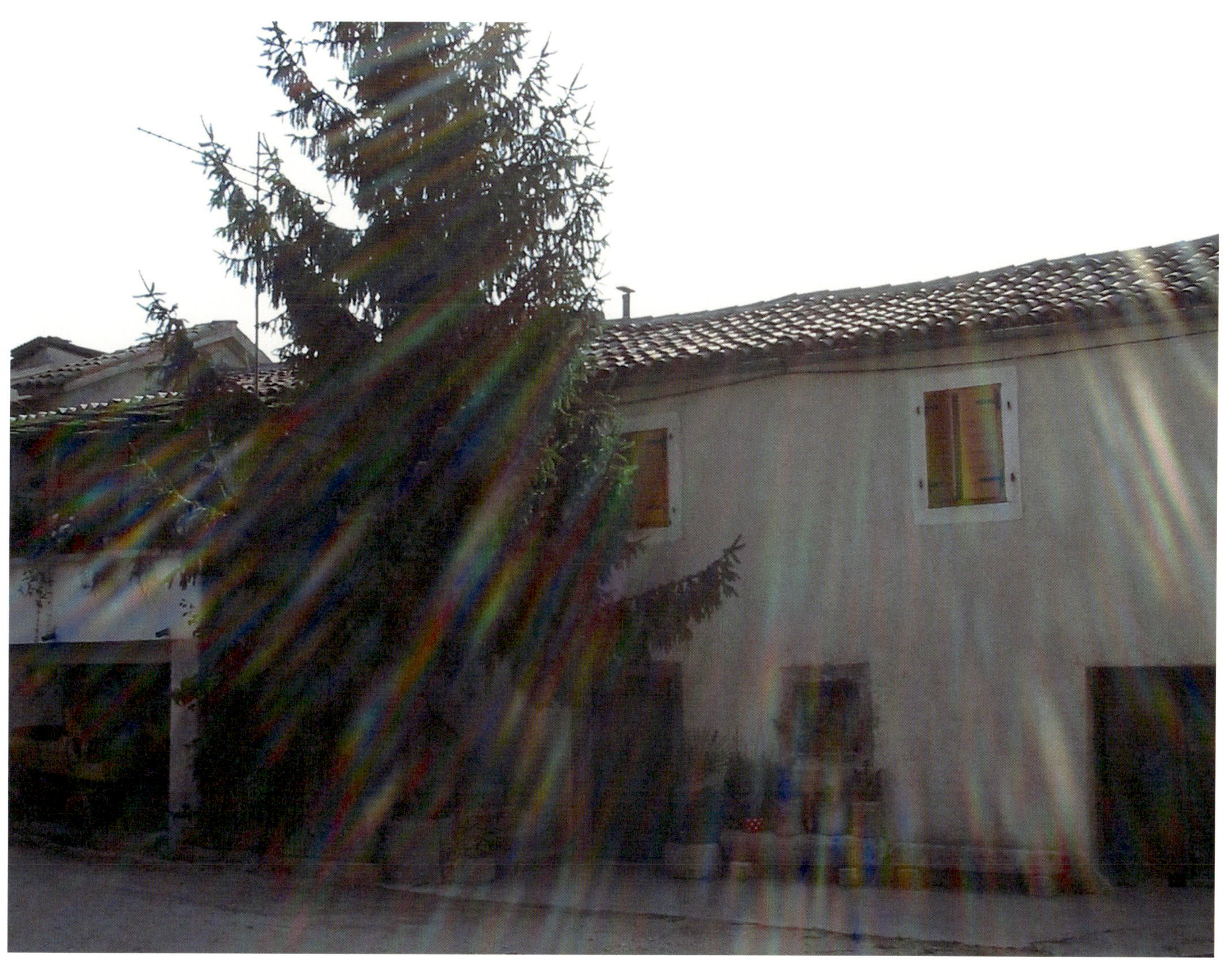

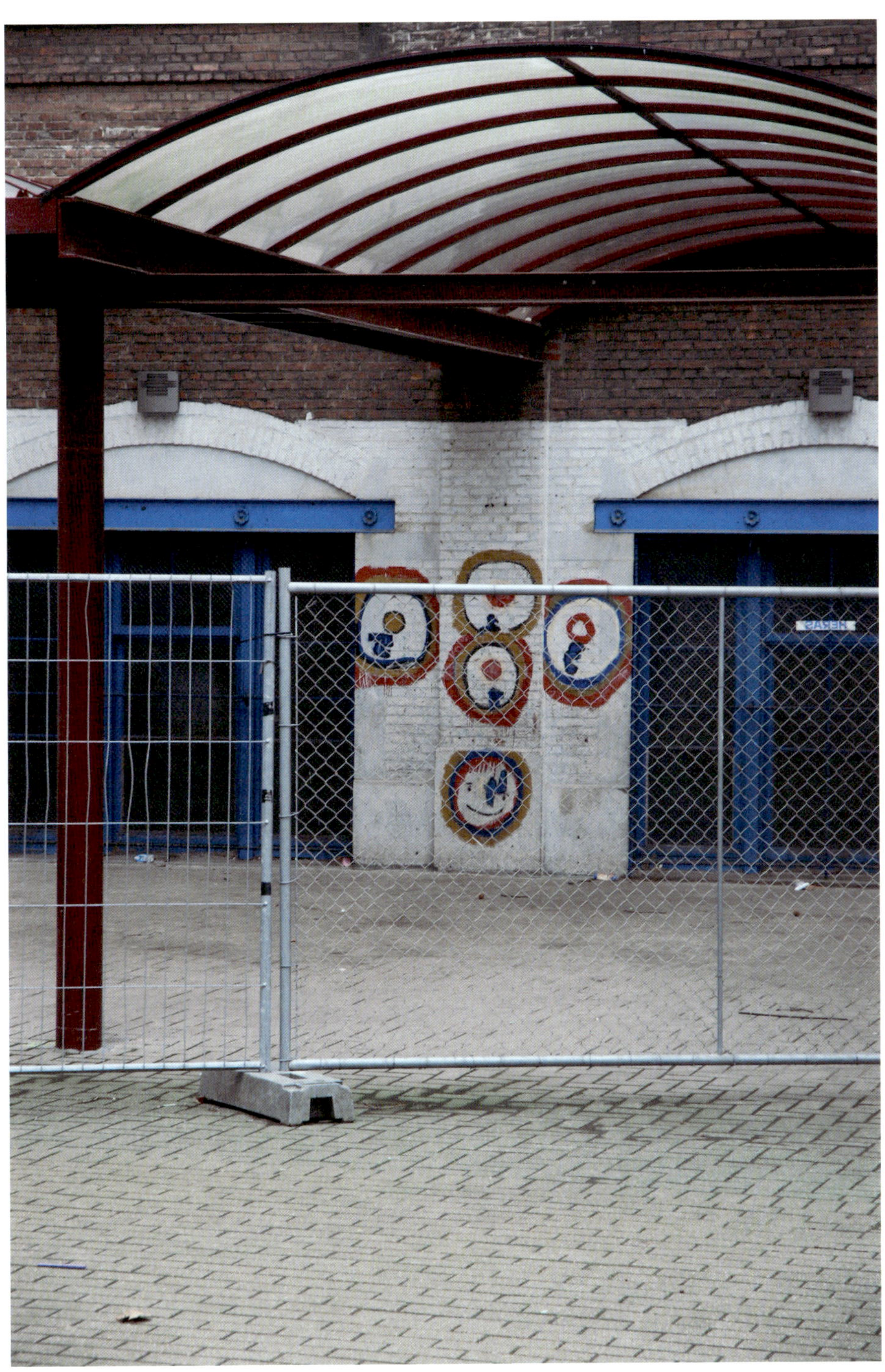

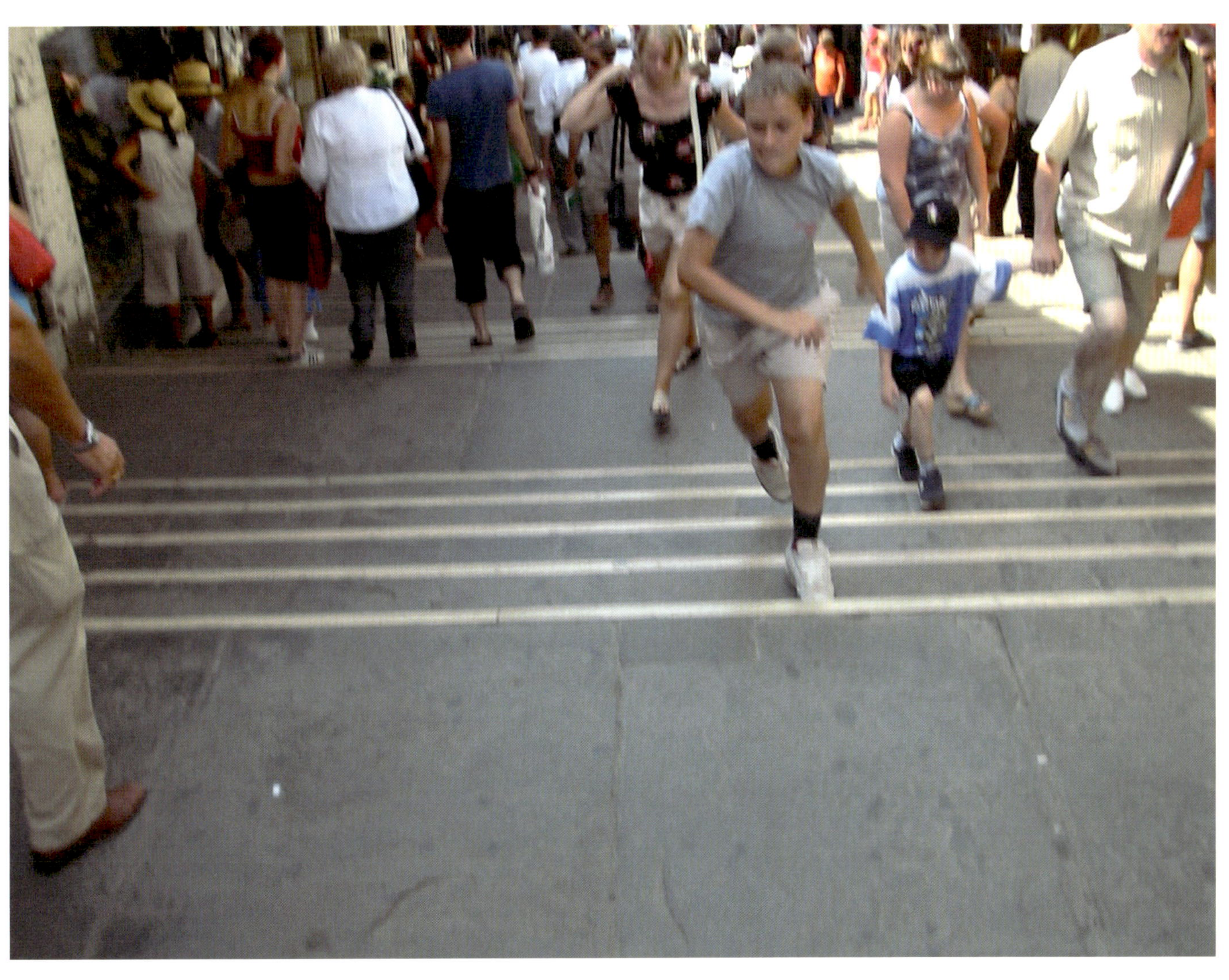

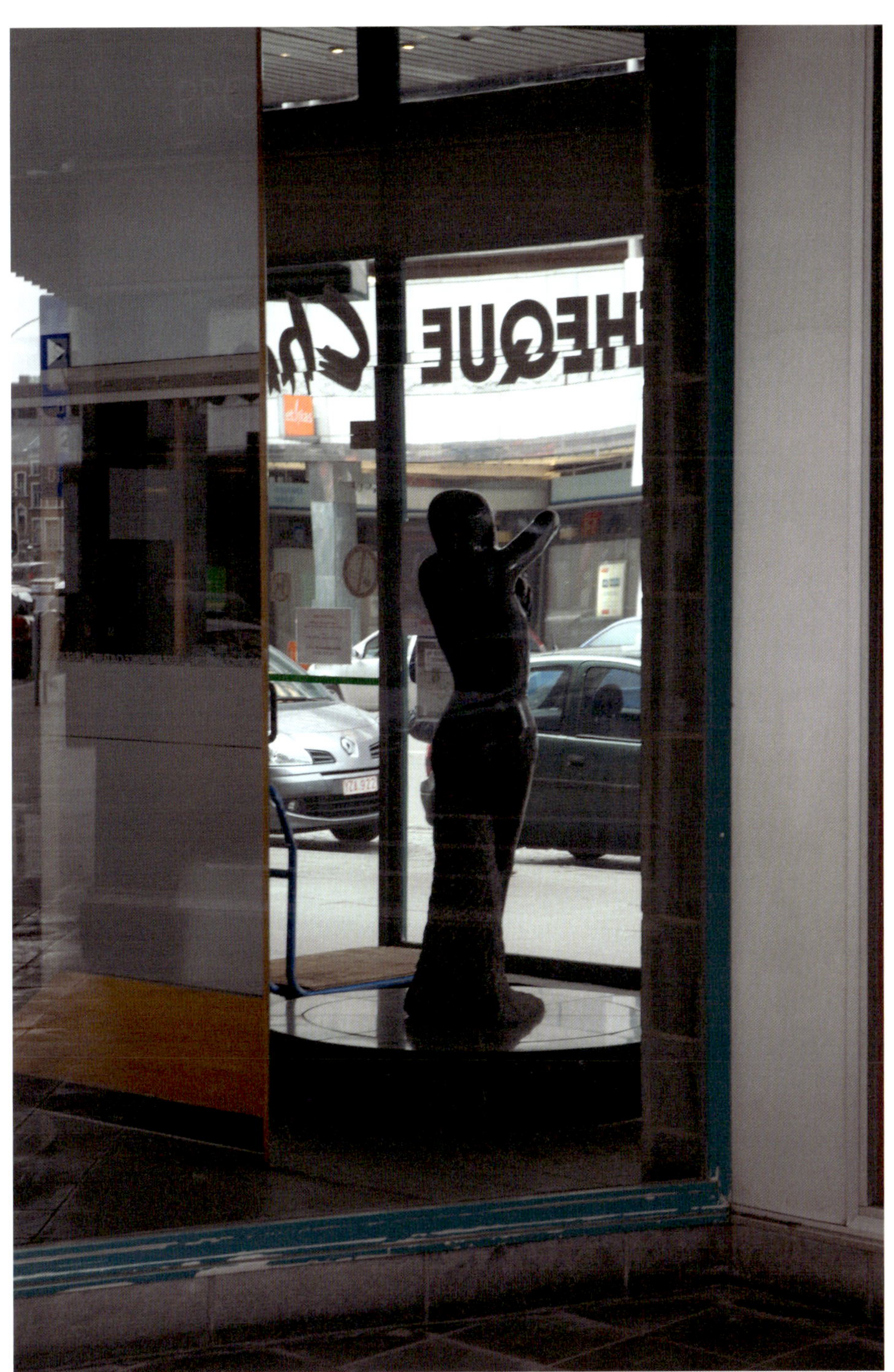
THEQUE

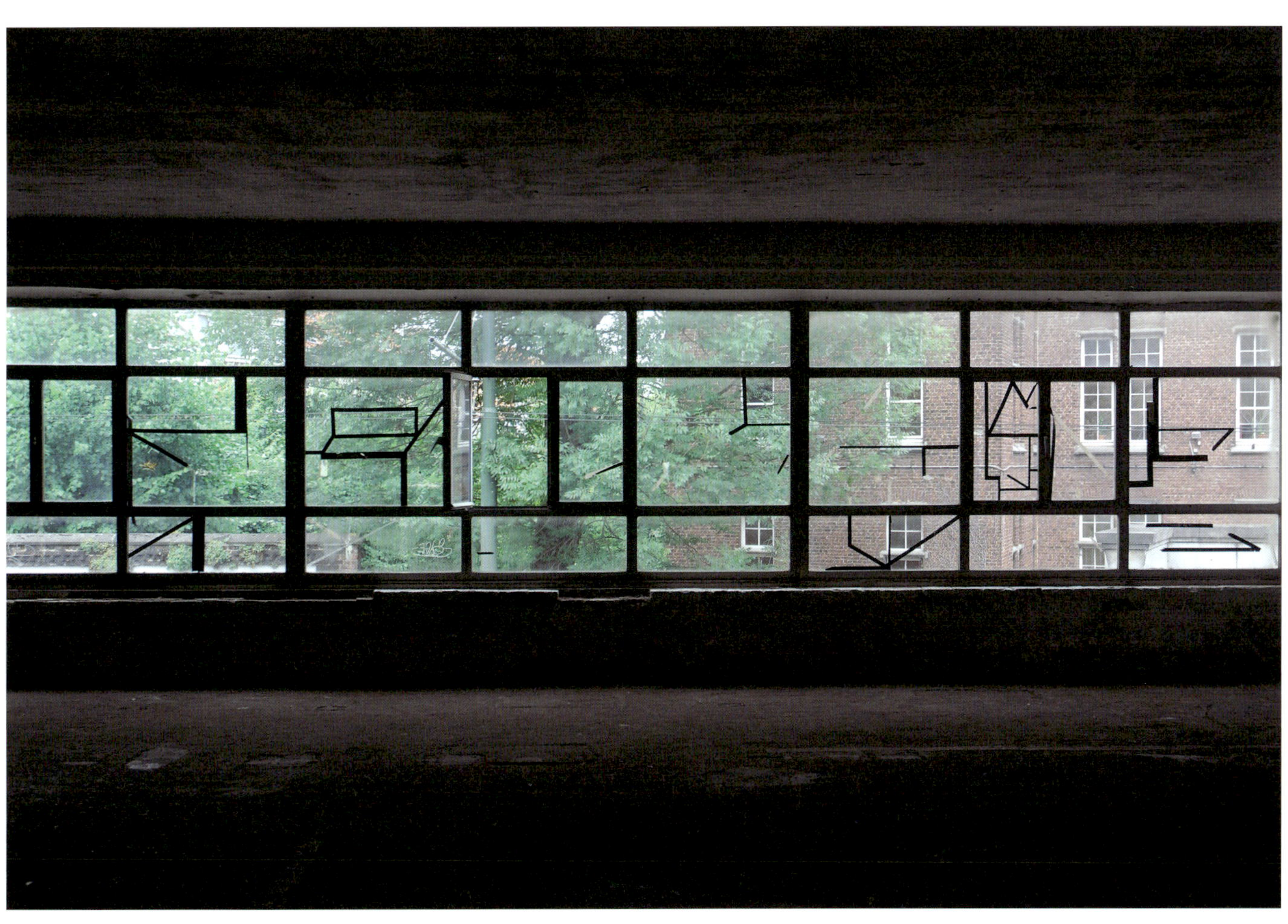

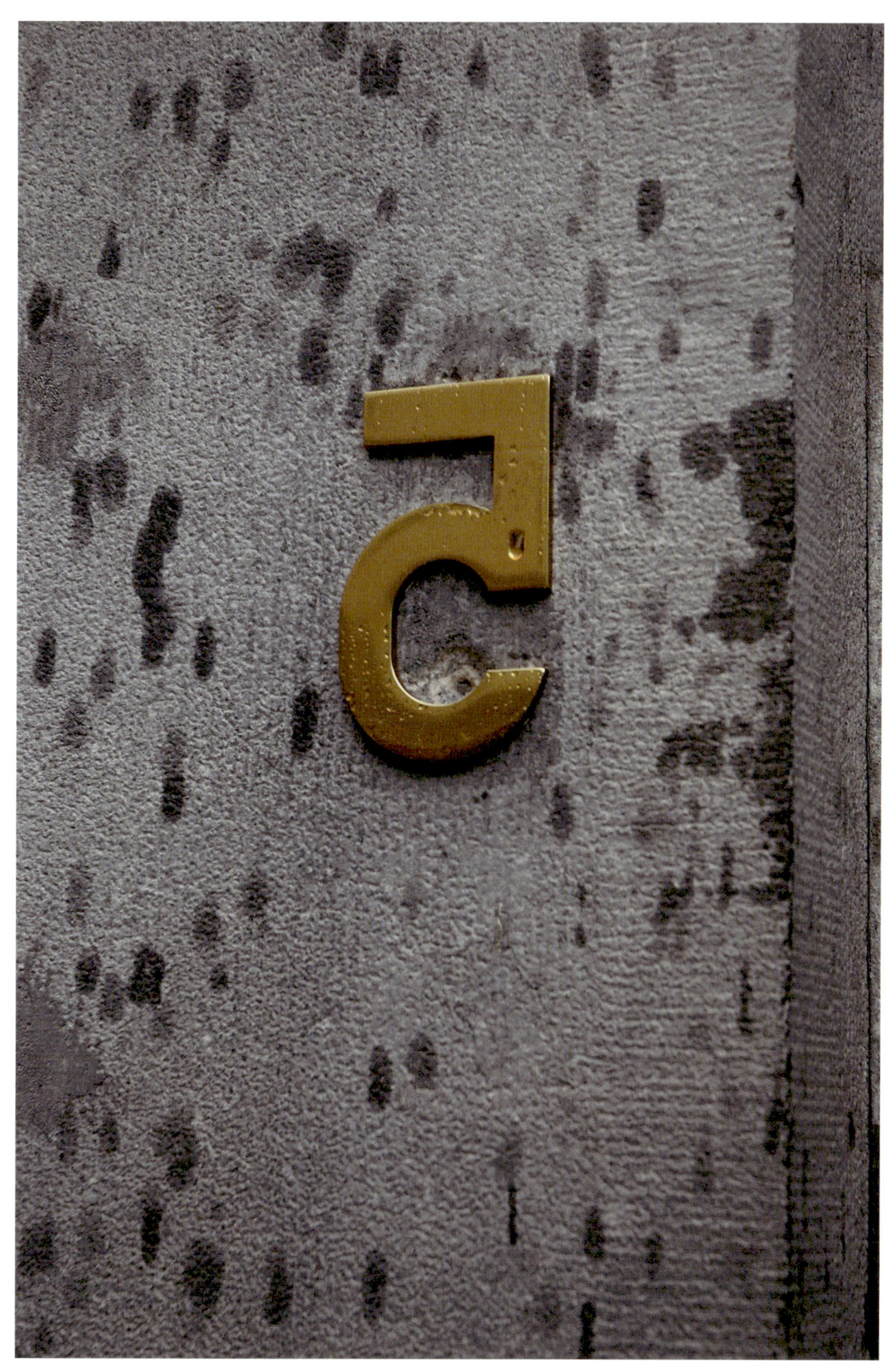

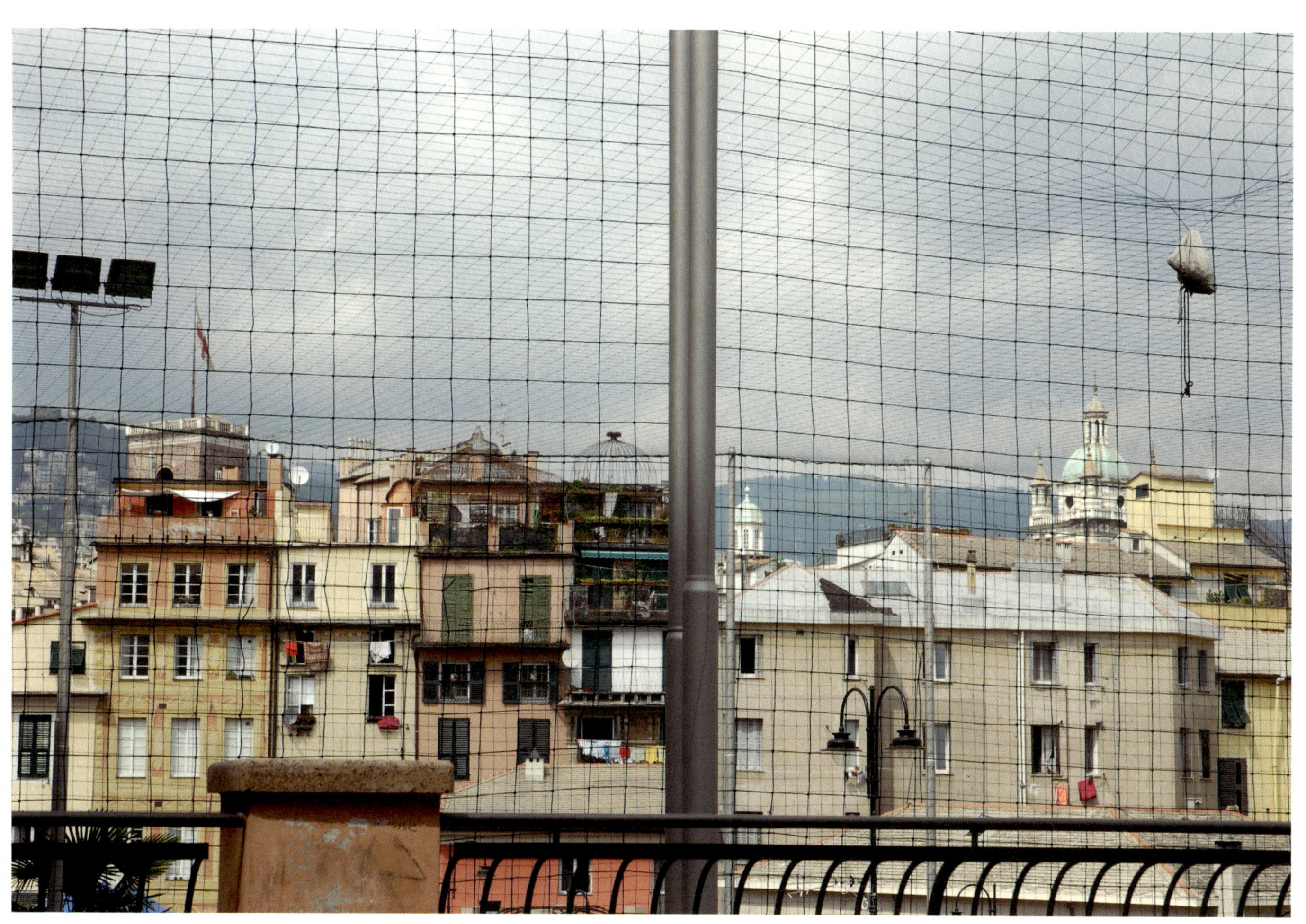

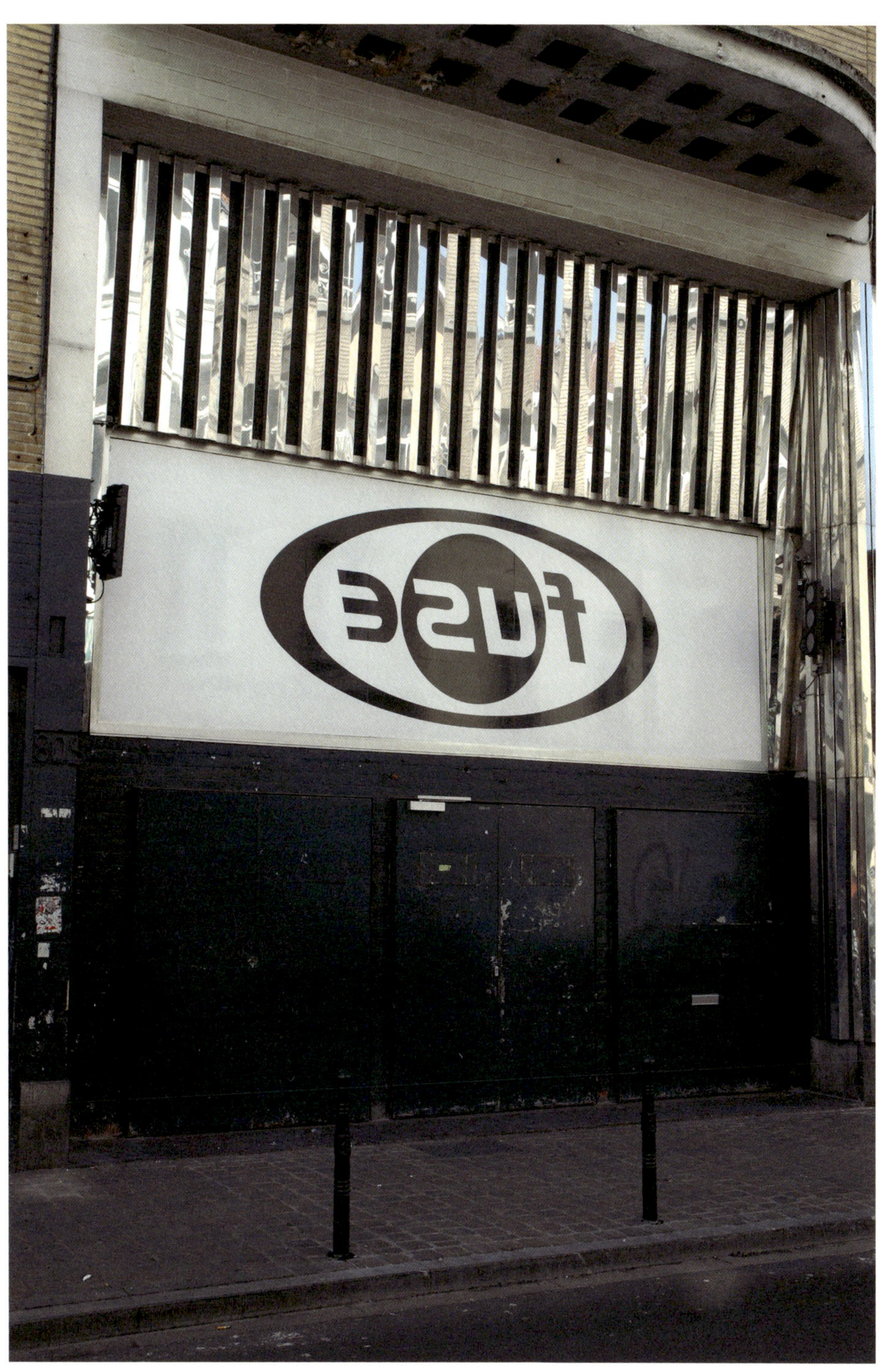

fuse

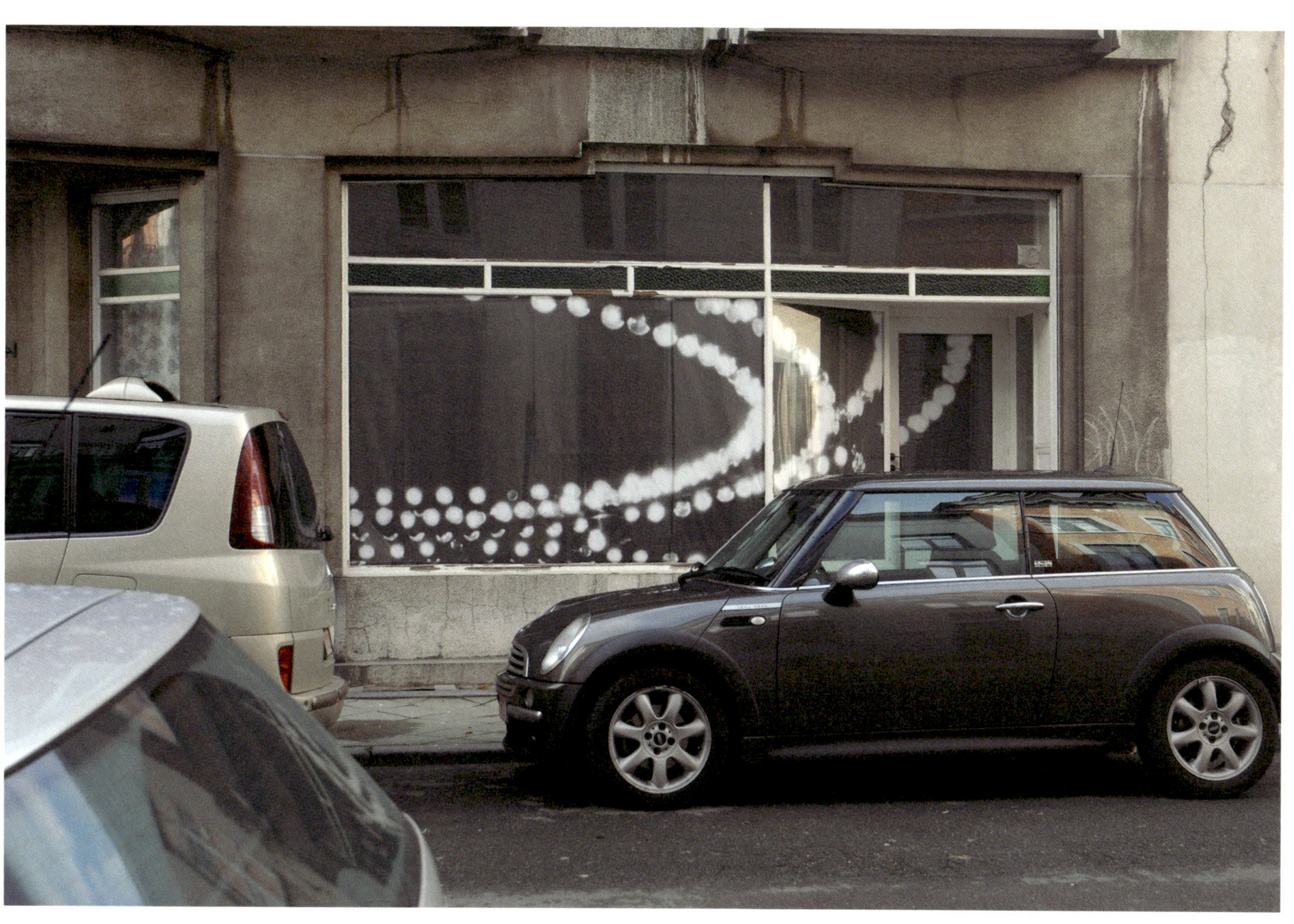

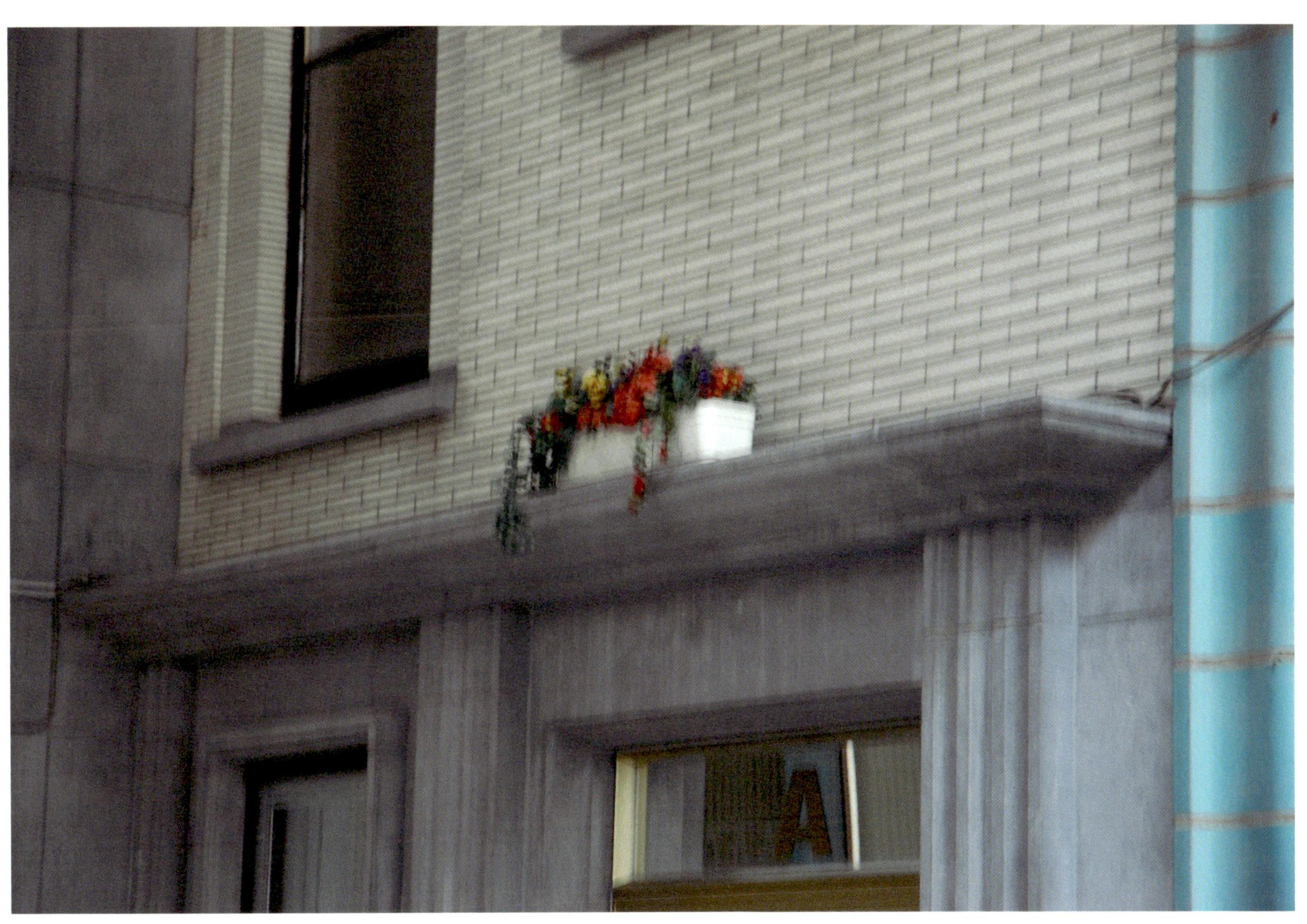

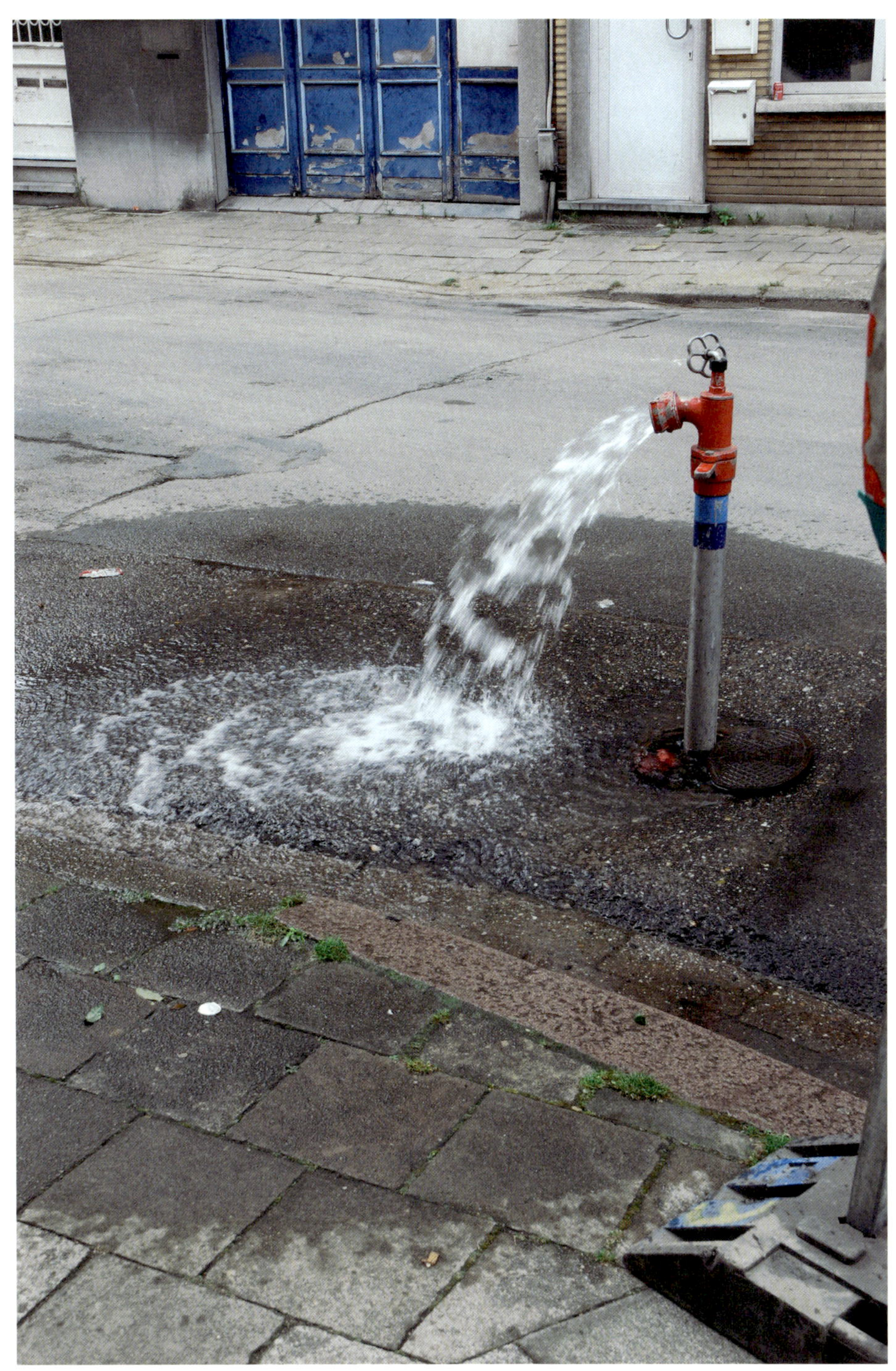

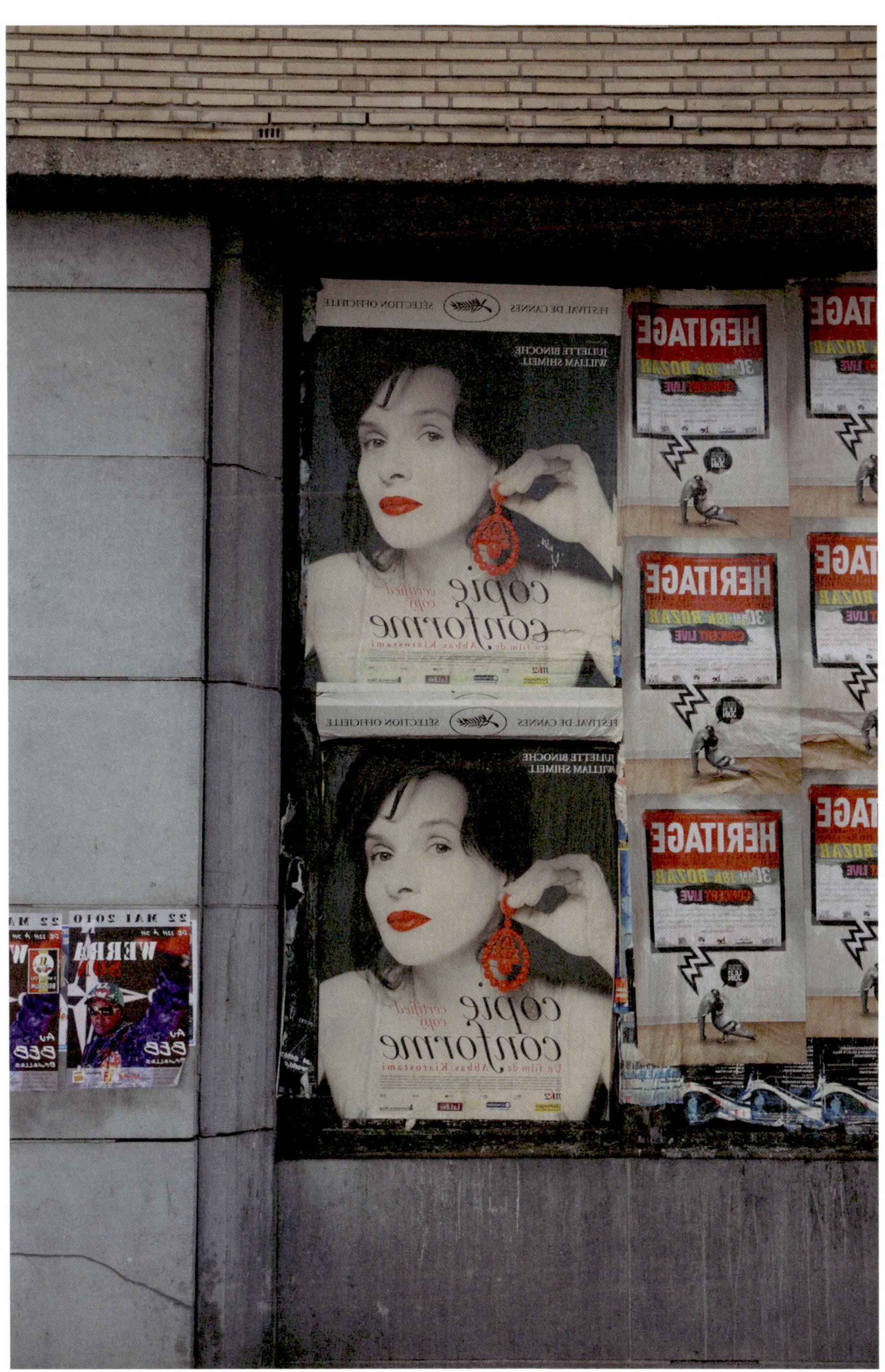

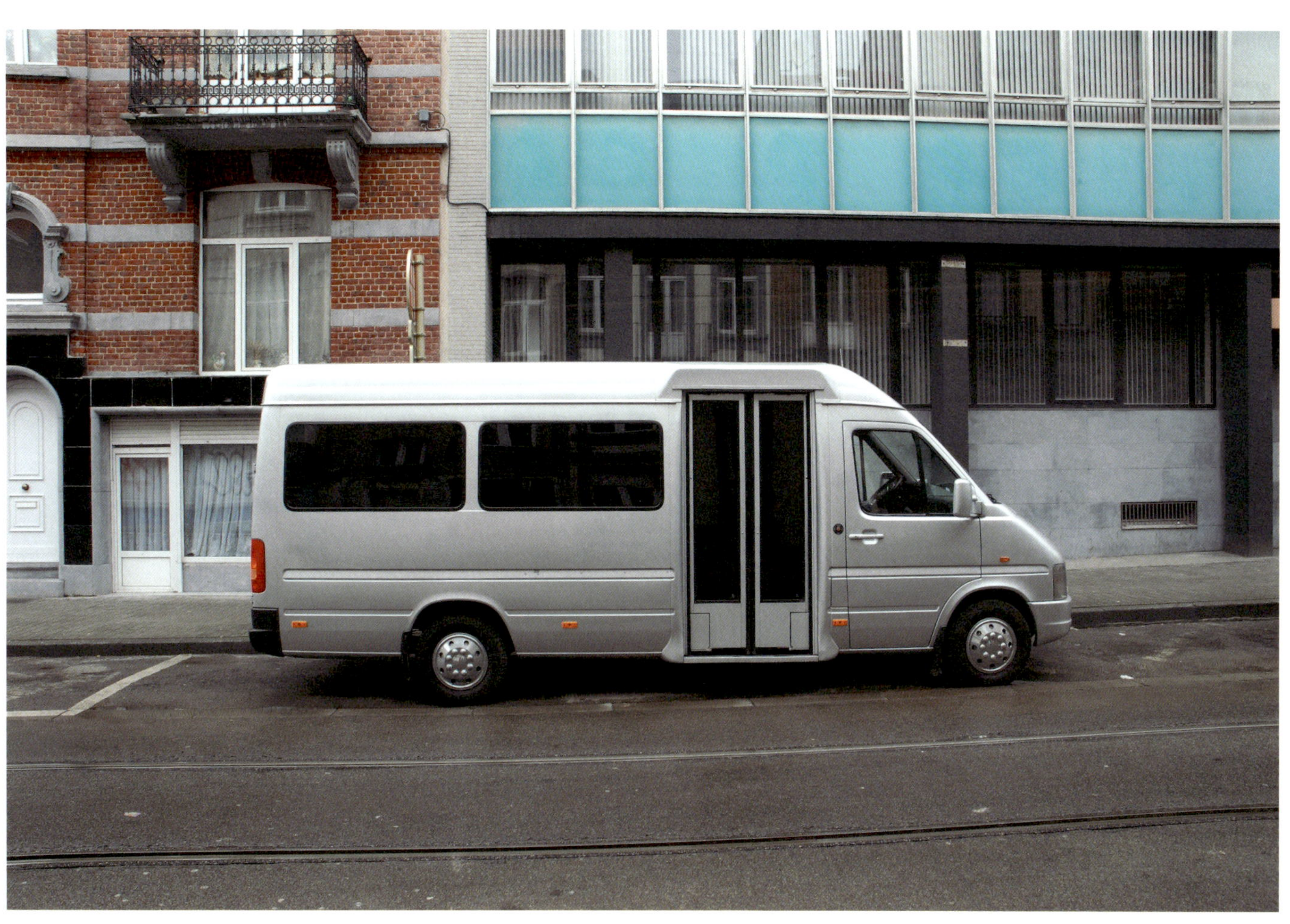

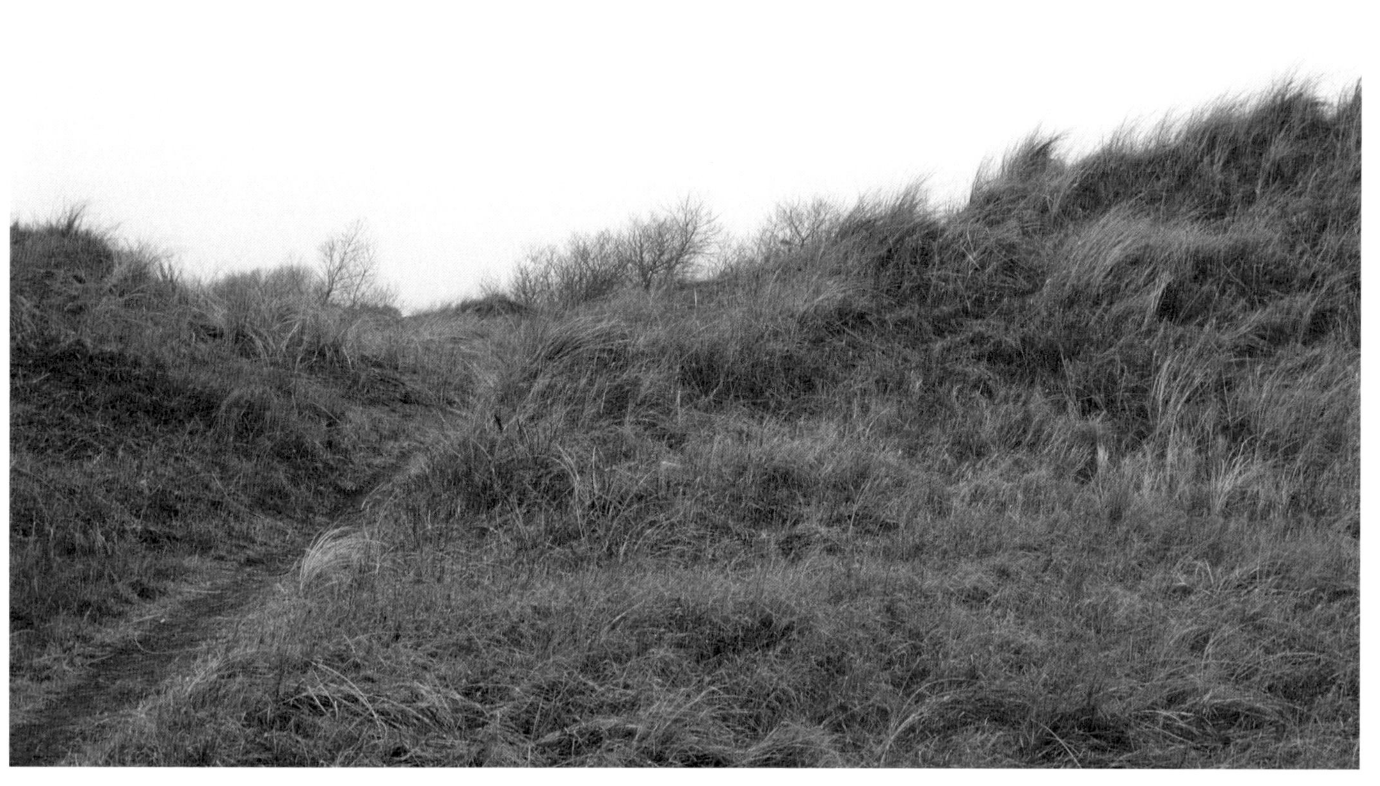

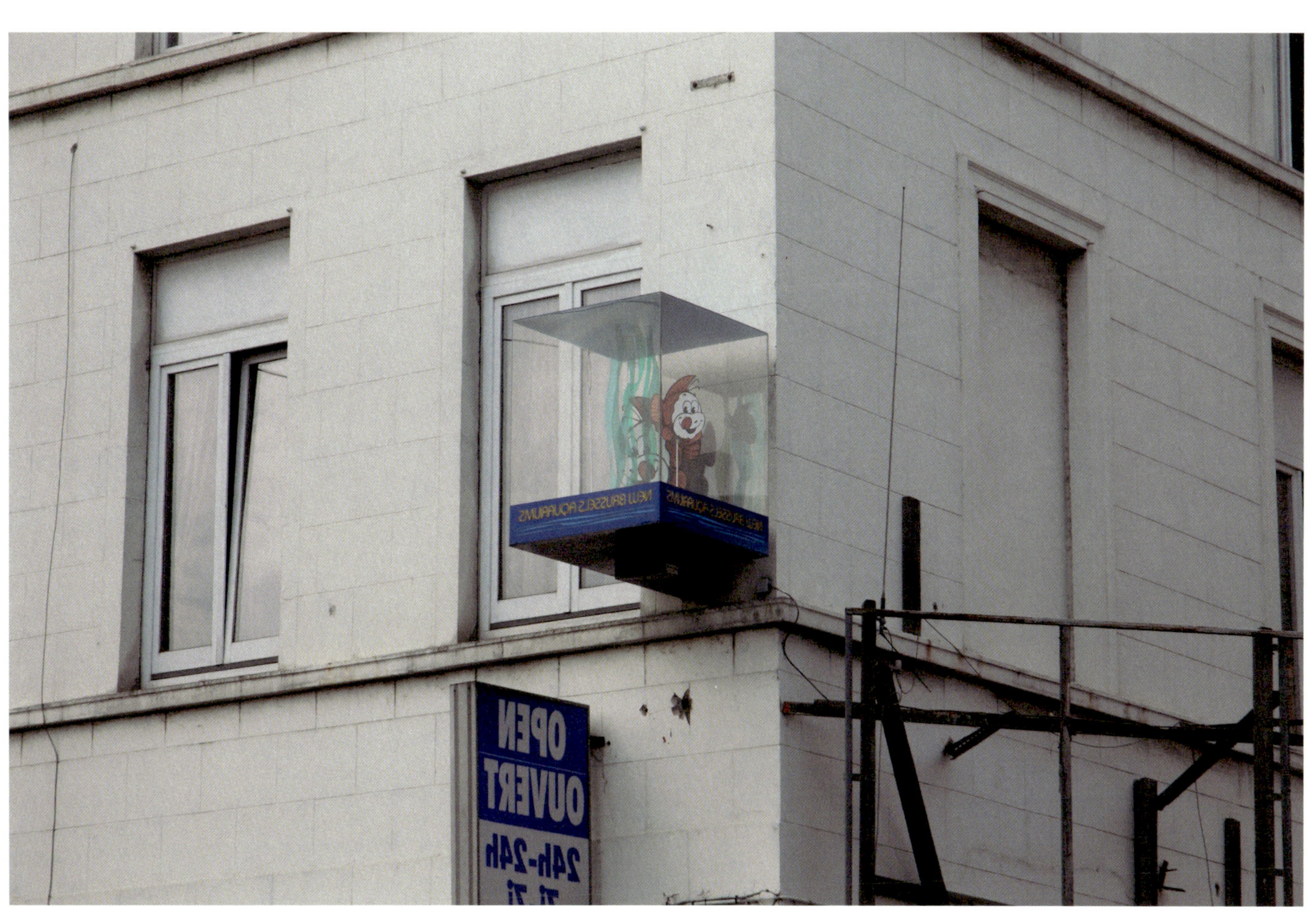

NEW BRUSSELS AQUARIUMS
OPEN
OUVERT
24H-24H